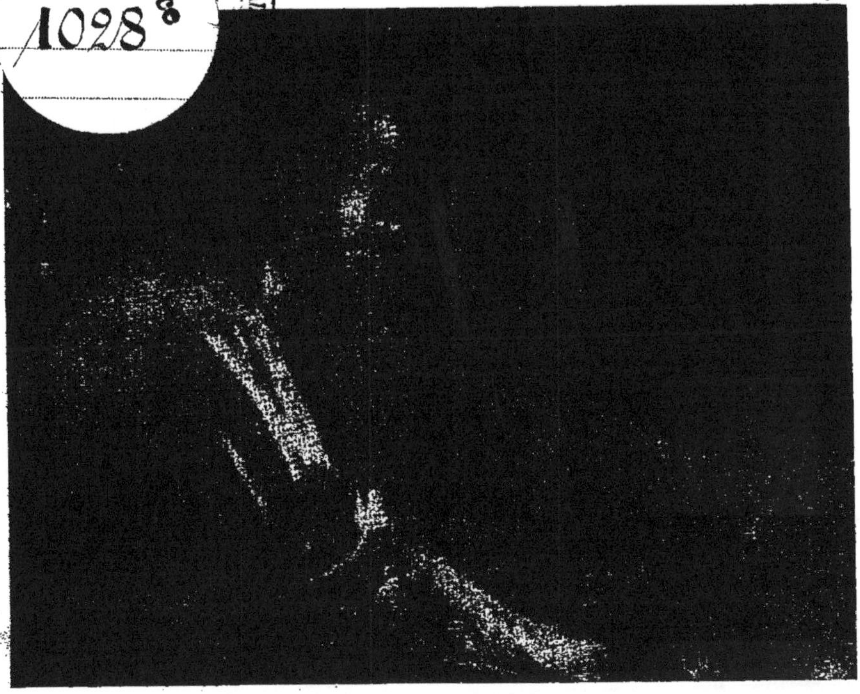

LES FERS FORGÉS D'ÉMILE ROBERT

Exposition rétrospective

MUSÉE DES ARTS DÉCORATIFS

Palais du Louvre - Pavillon de Marsan, 107, rue de Rivoli

26 Février — 26 Mars 1925

Prix du Catalogue 0 fr. 50

CE CATALOGUE A ÉTÉ ÉTABLI

PAR LES SOINS DES

" ÉDITIONS DE LA GAZETTE DES BEAUX-ARTS "

106, BOULEVARD SAINT-GERMAIN

PARIS - VIe

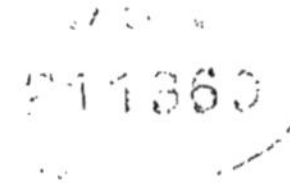

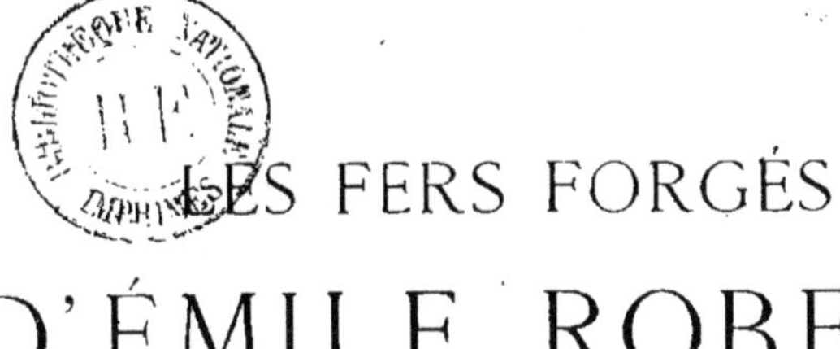

LES FERS FORGÉS D'ÉMILE ROBERT

Exposition rétrospective

MUSÉE DES ARTS DÉCORATIFS

Palais du Louvre - Pavillon de Marsan, 107, rue de Rivoli

26 Février — 26 Mars 1925

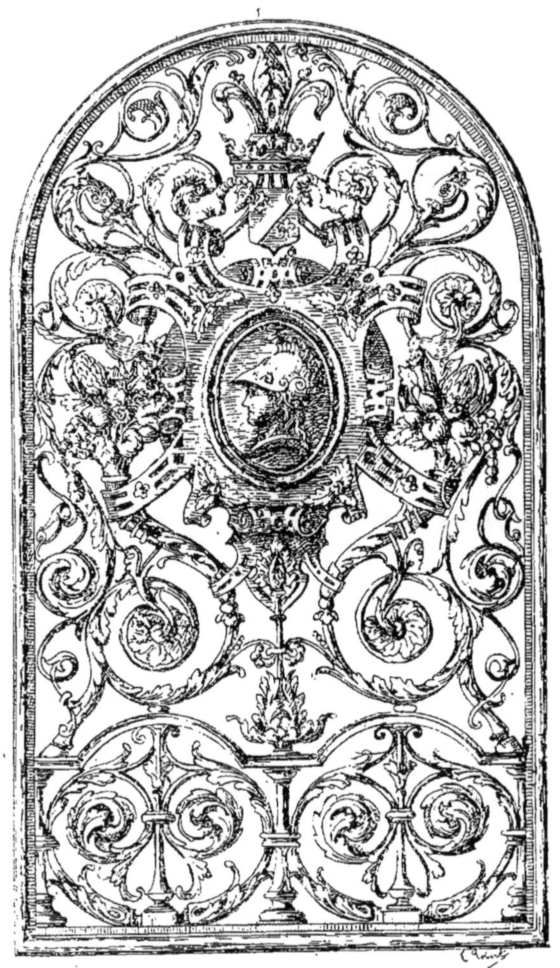

PANNEAU RENAISSANCE
PREMIER TRAVAIL D'ÉMILE ROBERT

ÉMILE ROBERT

Emile Robert est né, en 1860, à Mehun-sur-Yèvre, dans le Cher, d'une famille berrichonne où depuis plusieurs générations on travaillait le fer. Comme il l'a dit dans une jolie phrase pittoresque, il a relevé le marteau des mains de ses aïeux. Enfant, il aimait passionnément le dessin. Il suivait un artiste de la région, le paysagiste Lacoste, le regardant peindre et ramassant les tubes de couleur, laissés pour vides, dont les parois gardaient un peu de pâte. Rentré chez ses parents, il barbouillait des bouts de carton. Il avait dix ans quand son père mourut. L'atelier familial allait-il donc pour toujours disparaître ? Robert continue d'aller à l'école, obtient son certificat d'études, puis, déjà conscient de sa vocation, il va frapper à la porte d'un serrurier de sa petite ville, l'artisan Larchevêque, renommé dans la contrée, auquel était confiée l'exécution de grilles pour la cathédrale de Bourges. Dans cet atelier, deux ans de dur apprentissage. La force motrice n'existait guère alors, les bras faisaient tout, les corvées pleuvaient dru... et les journées étaient de douze heures. A quinze ans, poussé par le beau tourment qui entraîne les véritables artistes vers leur destinée, il part, sac au dos, se fait recevoir à l'examen qui lui permet d'entrer comme ajusteur dans les établissements militaires de Bourges. Ayant amassé là un petit pécule, il peut aller à Lyon, retrouver un sien oncle, vieux compagnon du Devoir, imbu des traditions du métier, apôtre de cette conscience professionnelle qui développait chez les artisans de jadis le goût du fini avec le sens des responsabilités.

Ensuite, Emile Robert veut connaître la forge de l'artisan Salesse, à Oullins, réputée dans le Lyonnais. Puis il poursuit cette espèce de tour de France, s'arrête dans plusieurs villes, partout où il peut compléter son éducation en suivant les cours du soir, en visitant les musées.

Enfin, il arrive à Paris. C'était en l'année 1878. Il espérait que l'Exposition universelle ne serait pas avare de leçons pour les arts décoratifs. Quel étonnement ! La ferronnerie ne sort pas des redites industrielles, des prétentieuses copies. Depuis plus de cent ans, elle se déshonore ainsi. En outre, elle laisse la fonte triompher. Au cours du XIXe siècle, la fonte s'était presque partout substituée au fer. Les mornes façades des bâtisses de style Louis-Philippe ou Hausmann se croyaient suffisamment ennoblies par des balcons qui portaient la marque banale des choses fabriquées en série. La fonte est très pauvre en ressources esthétiques.

D'ailleurs, il y avait, à l'époque, grande pénurie d'inventions décoratives. On démarquait, on pastichait. Cette inertie devenait intolérable. Il était fatal que la ferronnerie, — comme les autres arts, dits mineurs, — sortît de son assoupissement, trouvât l'homme qui lui rendrait son ancien prestige.

Cet homme fut Emile Robert. Seul, sans encouragements, sans moyens d'action autres que sa volonté et son acquis, il jure de revivifier l'art encore si fécond au XVIIIe

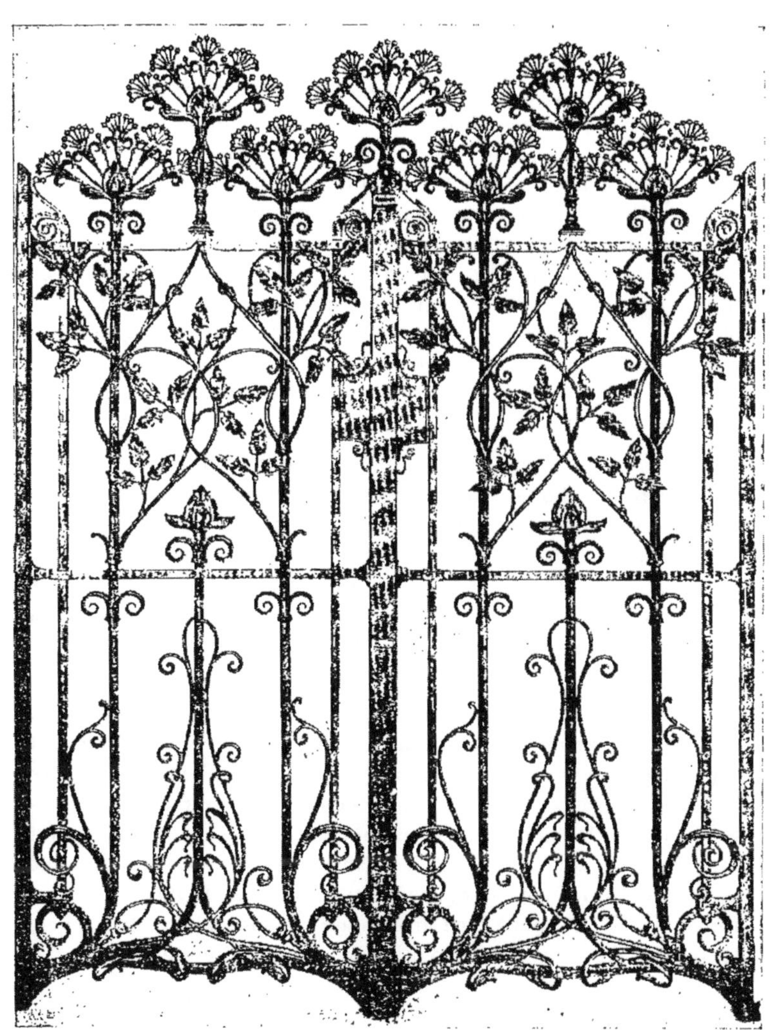

Grille d'intérieur ombelles
Cliché "Gazette des Beaux-Arts"

siècle, qui produisait alors des œuvres magistrales comme la grille de la place Stanislas, à Nancy (du serrurier Jean Lamour) ou la porte du chœur de l'Eglise Saint-Ouen, à Rouen (de l'artisan Nicolas Flambart). Robert entre dans les ateliers des forgerons Moreau, fins connaisseurs, qui eurent vite fait de distinguer parmi leurs meilleures « bonnes mains » l'ouvrier hors-ligne qu'était le jeune Berrichon. Ils font de lui leur collaborateur pour la confection de la rampe du château de Chantilly, et ils lui donnent les moyens de fonder et de diriger, boulevard de la Villette, un atelier annexe. En lui assurant une part dans les bénéfices, ils lui laissent presque une liberté de patron.

Mais cette liberté même ne peut le contenter. Il lui faut la possibilité d'obéir davantage aux suggestions de ses instincts. Le voilà chez lui, en 1883, dans une boutique exigue de la rue de Miromesnil, avec un apprenti. Pour vivre, il revient aux fastidieux ajustages de serrurerie. Mais, en se levant de bon matin et en se couchant tard, il peut aussi forger pour sa joie. Le hasard qui sert parfois l'homme prédestiné allait bientôt agir.

Une enfant ne peut rouvrir la porte d'une chambre où elle s'est enfermée par mégarde. Elle se lamente. On court chercher un serrurier. On amène Emile Robert. Il délivre la prisonnière dont le père, à ce qu'il apprend, est architecte d'un de nos palais nationaux. Il va le trouver, lui montre quels travaux il est à même de faire ; et il est nommé serrurier pour les besognes d'entretien du palais en question. Alors, il peut renoncer aux gagne-pain subalternes. Il transporte son outillage rue de Constantinople.

En 1887, il expose à l'Union Centrale des Arts décoratifs. En 1889, nouvelle période d'espoir. Cependant, cette

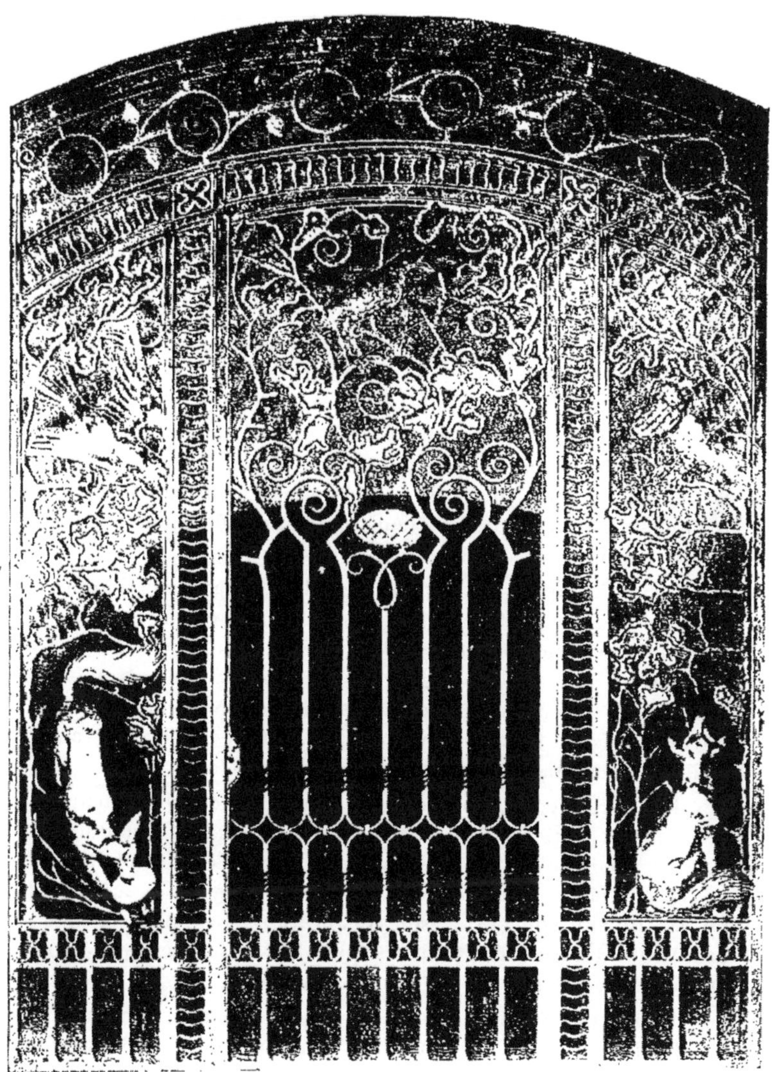

GRILLE (LE CORBEAU ET LE RENARD)
Cliché "Gazette des Beaux-Arts"

année, mémorable dans l'histoire du fer, puisque ce fut celle où s'éleva la tour Eiffel et la Galerie des Machines, de Contamin, ne montra que des essais timides et rares quant à la décoration du métal par le métal.

Emile Robert encore déçu ne fut point découragé.

En 1900, à l'Exposition internationale, il était le collaborateur, pour la ferronnerie, de Georges Hoentschel qui faisait construire, sur les dessins de Karboivsky, le Pavillon de l'Union centrale des Arts décoratifs. On devait notamment à Emile Robert un grand balcon qui, depuis, est resté au Pavillon de Marsan. Robert obtint un grand prix pour son ensemble de la Salle des Métaux. Il avait eu l'idée d'y installer un atelier, une forge, et ce virtuose du marteau travaillait lui-même sous l'œil des visiteurs. Réclame héroïque en faveur de la ferronnerie si longtemps délaissée.

C'est l'époque où, soutenu par les audaces de l'impressionnisme, par les théories ruskiniennes et une certaine esthétique venue d'extrême-orient, de jeunes hommes hardis innovèrent, dans leurs œuvres de potiers, de céramistes, d'ébénistes, de verriers, d'orfèvres. Ils se nommaient Dampt, Baffier, Bigot, Delaherche, Lalique, Gallé, Majorelle, etc... Emile Robert faisait partie de ce groupe d'avant-garde.

Des architectes, animés par l'esprit moderne, auxquels le gouvernement confiait d'importants travaux, ne manquèrent pas de recourir au maître-ferronnier. Leur estime était telle qu'ils étudiaient leurs dessins en sa compagnie, si même ils ne se fiaient souvent à son inspiration. Les plus élogieux certificats lui ont été délivrés par MM. Ch. Genuys, Voog, Deglane, L. Magne, G. Redon, Umbenstock, etc...

Dans une étroite entente avec ces hommes de science et de talent, il établit les ferronneries de l'établissement

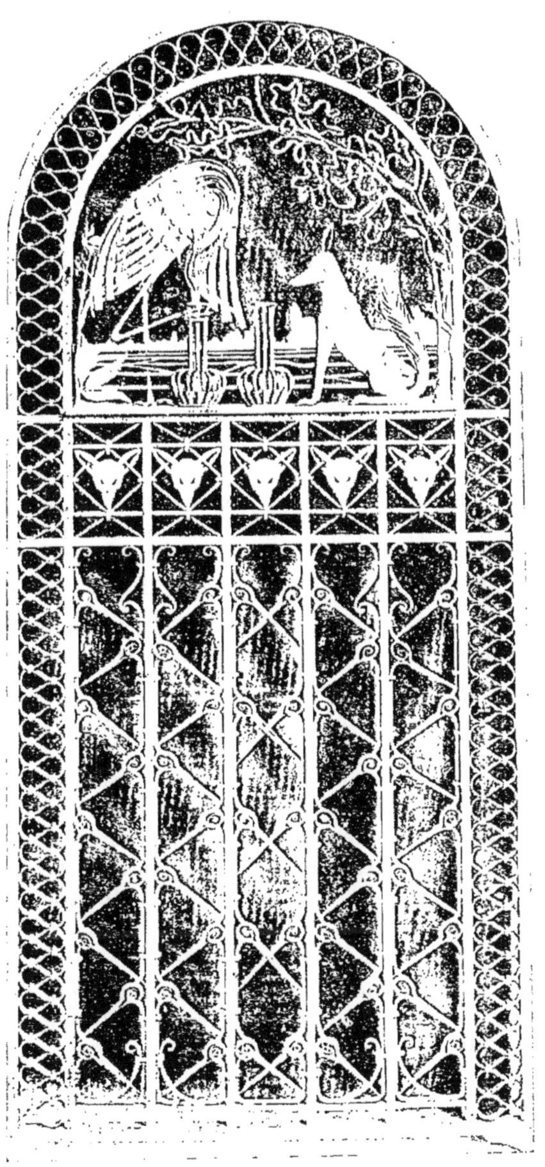

Grille (le renard et la cigogne)
Cliché " Gazette des Beaux-Arts "

thermal de Vichy (travail énorme, exécuté en trois ans, grâce à la maîtrise de Robert); — la grille monumentale du cimetière des Chartreux, à Bordeaux; — les portes du Musée des Arts décoratifs, au pavillon de Marsan; — la grille du Nouveau Théâtre, à Lille; — celle du Consulat de France, à Bruxelles, celle du Musée de Paléontologie; — les marquises, balcons, grilles d'ascenseur de l'Hôtel Lutetia; — des appuis de communion pour diverses églises; — des modèles en fer forgé et cuivre repoussé pour la collection du Musée des Arts et Métiers, etc...

L'Etat, le Musée Galliéra, les Musées de Londres, Hambourg, Bâle, Christiania, Lemberg, lui ont acheté des œuvres. Il y a peu de temps, certaines décorations du paquebot *Paris* lui furent confiées.

Pour les premières expositions de l'Automobile-Club, il composa et exécuta des stands plusieurs années de suite.

On énumérerait difficilement les œuvres, tant grandes que petites, d'Emile Robert. On en rencontre dans les maisons de rapport, les maisons de commerce, les hôtels particuliers. Avec les grilles et rampes, ce sont des cages et des portes d'ascenseur, des auvents, des enseignes, des dessus de puits, des lampadaires, des lampes, des lustres, des lanternes, des vitrines, des cadres de glace, des poignées de porte, des heurtoirs, des pentures, des bibelots de toutes sortes.

Les formes ornementales comme l'arabesque et la volute sont moins fréquentes dans l'œuvre d'Emile Robert que les sujets empruntés à la flore et même à la faune. C'est un naturiste. Mais il l'est avec tact. S'il assemble fleurs et feuillages en motifs parfois compliqués, s'il sait donner aux bouquets de métal une apparence de gracilité aérienne, ce

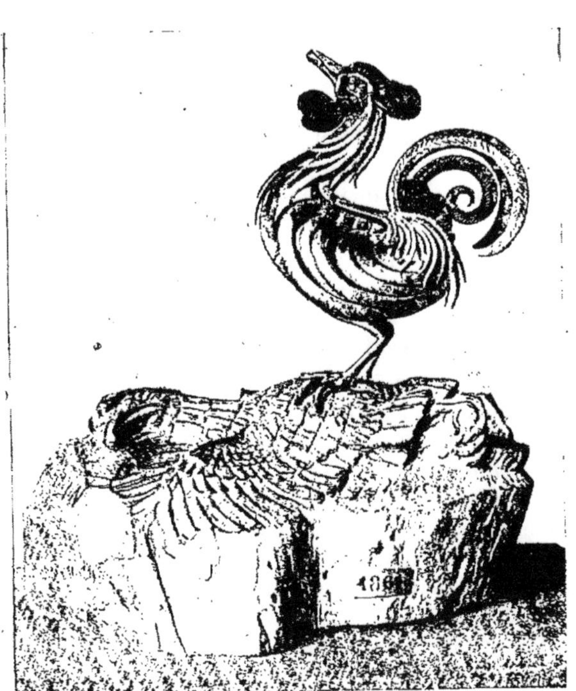

Coq sur Aigle en bois
Cliché "Amour de l'Art"

n'est pas au détriment d'une ligne d'ensemble nette, de la bonne construction vertébrale.

Il semble qu'en avançant en âge, il ait préféré aux ingéniosités d'un crayon méticuleux les formes robustes qui paraissent être nées sous le marteau dans la chaleur et le bruit de la forge, ou plutôt il ajoutait de plus en plus à son génie de ferronnier des dons de sculpteur. Le titre de sculpteur-forgeron était, d'ailleurs, celui qu'avec raison il affectionnait.

La présente exposition offre des pièces diverses, mais surtout une faune de fer bien indicatrice des facultés qui auraient pu mener Emile Robert à être un puissant manieur de glaise ou un héritier de nos fameux tailleurs de pierre.

On ne sait trop lequel des sujets de sa précieuse ménagerie désigner comme le plus caractéristique. Chacun porte sa marque, mais aucun ne répète l'autre. Le dessin du *Lévrier,* du *Lion,* par exemple, est d'une vigueur synthétique qui fait songer à celui de la *Louve* du Vatican, non sans être d'un saisissant modernisme. Mais si le fer prend un peu, parfois, la douceur de modelé du bronze, du métal fondu, il ne cherche cependant pas à déguiser son austère sévérité. Il l'affirme, l'occasion venant. Aussi est-ce pour obéir tout-à-fait à la nature de la rude matière que sont stylisés, avec une sorte d'âpreté primitive, et rivés plutôt que soudés, les plumages du *Coq gaulois,* du *Marabout,* du *Pélican* ou que se dresse, dans sa rigueur linéaire, la longue personne de l'*Ecureuil.* La vérité anatomique est minutieusement exprimée avec le *Dromadaire.* La toison dorsale de la bête, cette mousse de laine métallique est d'une réalisation due à une habileté technique sans pareille.

Emile Robert, animalier, montre une verve imaginative

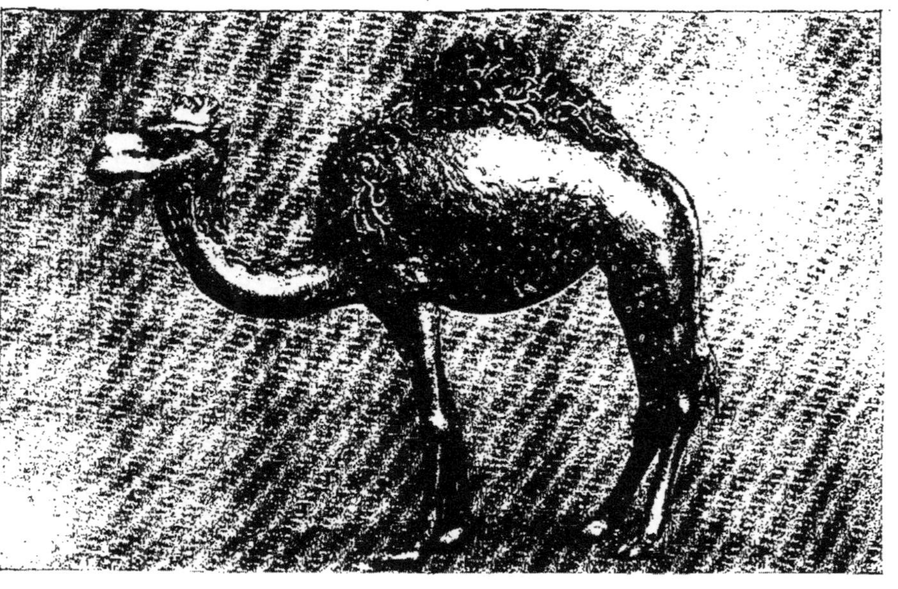

Dromadaire

Cliché " Amour de l'Art

qui l'a conduit notamment à l'interprétation de certaines fables de La Fontaine. Voici celle du *Lièvre et de la Tortue*, illustration malicieuse du départ, de la course, de l'arrivée. Le soleil se lève derrière un village où se voient église et moulin. « L'animal léger » se moque du défi de la commère qui bientôt, va son « train de sénateur » sur la route qui serpente en frôlant champs et bois. Enfin, le lièvre « part comme un trait », son petit corps élastique s'allonge dans un élan désespéré. Trop tard!. Dame tortue atteint la borne kilométrique... (1).

A ce style où l'esprit et la grâce se jouent sur de solides assises, où le caprice ne nuit jamais à la simplicité schématique la plus ferme, à ce style qu'on doit appeler le style Robert, appartiennent aussi ces deux figures : *Diable assis* et *Marmouset*, gaillardement taillées en plein lingot et qui sont dignes des inventions gothiques les plus vigoureusement pittoresques.

Emile Robert possédait les trois dons qui élèvent un artiste au premier rang : un œil qui sait voir, observer, une intelligence créatrice et l'amour de la perfection. La moindre pièce sortie de ses mains décèle le souci de l'exécution fine, en même temps que la fantaisie d'un génie abondant. Génie ayant, d'ailleurs, cette inquiétude de se surpasser inlassablement lui-même et pour qui cet effort est un plaisir constant. Génie libre de l'homme que nul obstacle ne pouvait rebuter et dont le talent est redevable à un labeur intuitif et persévérant plus qu'à une éducation pointilleusement méthodique. Mais l'élan n'est jamais ici débridé. Une raison

(1) Emile Robert a traduit aussi le drame des *Vautours et des Pigeons*, les deux épisodes du *Renard et de la Cigogne* (rampe du paquebot *Paris* et grille acquise par le musée Galliéra), l'aventure de maître Corbeau (grille d'un château de Seine-et-Oise).

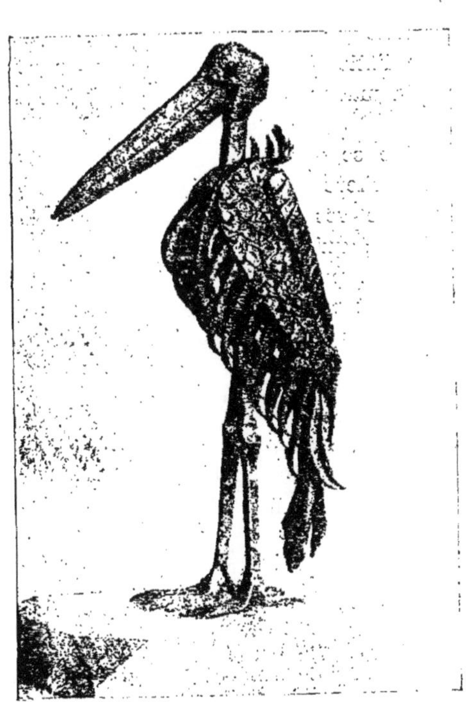

MARABOUT
Cliché "Amour de l'Art"

saine modère ce que le tempérament portait en soi de fougue. La volonté sait où elle va et garde, si l'on peut dire, une bonne assiette géométrique. Rien n'est sorti de ses mains qui ne captive l'attention par ce quelque chose d'indéfinissable qui est la marque de l'art pur, original, divinateur et durable.

Une doctrine se dégage de cette œuvre si variée : c'est que l'ardente recherche vers le nouveau est d'autant plus fructueuse que le respect demeure à l'égard de certaines grandes traditions ; qu'on n'est pas moins soi-même et de son époque en sachant pourquoi il faut admirer les devanciers. C'est en s'appuyant sur les leçons des maîtres qu'on va d'un pas plus sûr vers les routes de la liberté.

Le succès grandissant, les commandes devenues considérables, Emile Robert avait dû par deux fois changer d'atelier. En 1909, il fit une alliance de quatre ans avec la maison Borderel, fabrique de matériel de construction pour le fer, dirigée par un industriel à l'intelligence large, favorable aux innovations.

Là, au fond des Batignolles, 131, rue Damrémont, Robert installa, auprès des forges, une salle d'exposition et une école d'apprentissage (1). Et cet artiste qui a connu de belles victoires déclarait que son plus grand bonheur fut de réunir dans sa forge vingt-cinq jeunes gens pour leur apprendre son métier.

(1) Dans un excellent esprit, respectueux des méthodes du fondateur, cette école est aujourd'hui dirigée par le jeune et intéressant ferronnier Raymond Subes. Avec divers envois, elle participe à la présente exposition.

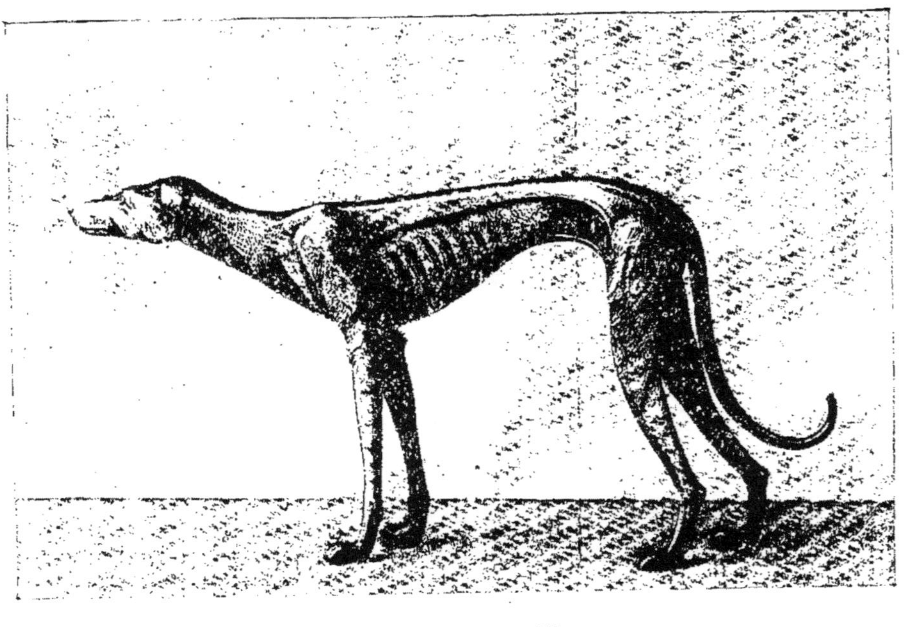

Lévrier

Cliché "Amour de l'Art"

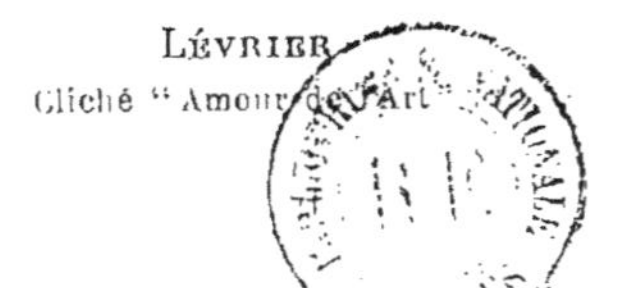

En 1914, il s'installait à Enghien. Son rêve était d'échapper entièrement à la tyrannie des commandes, de produire enfin, sans intermittences, des œuvres personnelles. Cette retraite de la vie industrielle était donc loin d'être une retraite de la vie artistique. Mais la guerre est survenue. L'atelier d'Enghien fut transformé en école-modèle où tout de suite trente élèves furent enseignés, ce qui n'empêcha pas Emile Robert de préparer et d'achever différentes choses, dont un Monument aux Morts destiné à l'église locale.

Toute sa vie, il a fait campagne pour la régénération de l'artisanat. En des pages qui résument son expérience et ses vœux, il a exposé ce que l'apprentissage doit être aujourd'hui. Il donne les conseils les plus précis, les plus intéressants, quant à la technique et, socialement, les plus judicieux, afin de vivifier l'initiative artisane un peu compromise par la spécialisation à outrance. Un artisan, expliquait-il, est celui qui est capable de composer une œuvre et de l'exécuter en son entier. Il n'eût pas appelé « ferronnier », comme on le nomme souvent aujourd'hui, le forgeron-praticien, collaborateur manuel d'un dessinateur, — non plus le créateur de modèles qui n'a point commerce avec l'enclume, le marteau, le ciselet. Le véritable ferronnier est celui qui a l'idée d'un ouvrage, en sait établir le tracé architectural et peut de ses propres mains l'exécuter à la forge.

Les moyens du machinisme n'ont transformé qu'en partie l'outillage et les procédés du ferronnier d'art. Sans refuser le secours de certaines nouveautés, Emile Robert en jugeait l'emploi exclusif comme pouvant aboutir à ôter au fer forgé sa physionomie de loyauté puissante. Il a mis en garde contre les excès de la soudure autogène, fort utile dans certains cas : elle permet des hardiesses, des coquette-

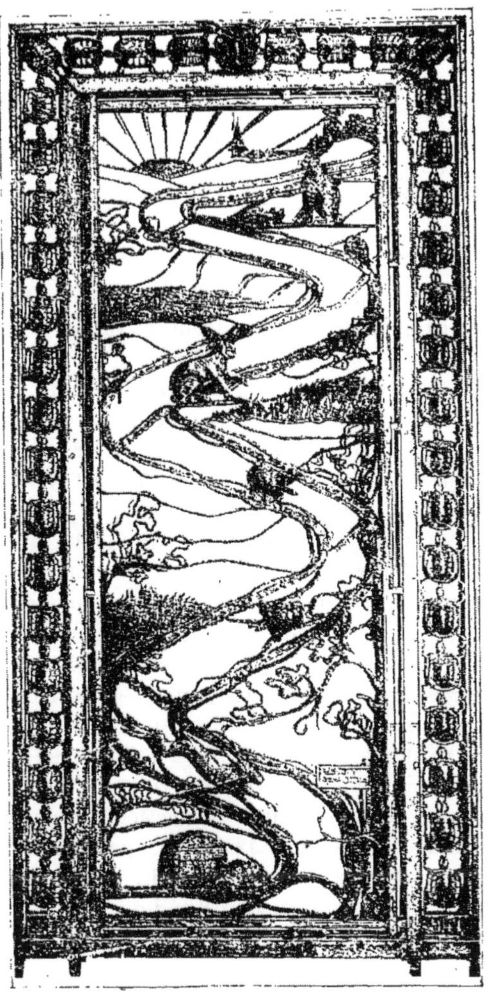

Grille Le Lièvre et la Tortue
Cliché "Larousse"

ries impossibles avec la soudure au feu, mais entraîne vers le vite-fait, le bâclé de la camelote, vers une rapidité qui exclut la dextérité savante, et favorise, d'autre part, les dangers moraux et commerciaux de la surproduction.

*
**

En 1919, des raisons de famille et de santé, après un deuil cruel, ramenèrent Emile Robert, dans la paix chérie du pays natal.

Là, tout en travaillant pour sa propre joie, il approfondissait les derniers secrets du métier, accomplissait, par l'étude de la nature et l'activité journalière, ces tours de force qui lui assureront une place à part dans l'histoire des animateurs du fer.

L'année dernière, une mort subite arrêta ce chercheur encore plein de force et de projets.

Ambitieux de perfectionnement plus que de richesses et de récompenses voyantes, homme aux grands dons et au grand cœur, il ne bornait pas à lui-même son horizon. L'évolution générale de l'art le passionnait. Il songeait moins à demeurer comme une figure exceptionnelle d'artiste qu'à être un apôtre de la résurrection de l'effort national vers la Beauté, à communiquer sa foi, sa flamme et sa sagesse à des générations de travailleurs, à recréer les énergies inventives, les vertus de patience, l'honneur professionnel, qui, en maintenant, en accroissant le renom du génie français, pourraient préparer un mouvement esthétique universel, un nouvel élan de l'idéal humain.

Th. HARLOR.

Février 1925.

CATALOGUE

1. **Portrait d'Emile ROBERT**, par Bellery-Desfontaine.

GRILLES

2. **Grille d'intérieur**, gui. 1898.
3. **Grille d'intérieur**, platane. 1898.
4. **Balcon**, tête de Vulcain. 1900.
5. **Grille d'intérieur**, ombelles. 1900.
6. **Grille** fer et cuivre. 1903.
7. **Grille**. Le lièvre et la tortue. 1908.
8. **Grille d'intérieur**, cigognes. 1911.
9. **Grille**, composition de Victor Prouvé.
10. **Enseigne** « La poignée », dessin de Victor Prouvé. 1905.
11. **Chevalet** raisin porte album. 1888.

ANIMAUX

exécutés de 1904 à 1910

12. **Chameau**.
13. **Chèvre**.

14. Ecureuil.

15. Girafe.

16. Marabout.

17. Pélican.

18. Tortue.

ANIMAUX
exécutés de 1916 à 1924

19. Coq sur aigle en bois.

20. Lion.

21. Dromadaire.

22. Petit Dromadaire.

23. Eléphant.

24. Petit Eléphant.

25. Gazelle.

26. Lévrier

27. Chat.

28. Canard.

PIÈCES FORGÉES

29. Diable assis. 1890.

30. Hippocampe. 1919.

31. Marmouset. 1923.

32. Caméléon.

PETITS PANNEAUX

33. **Petite Grille** gothique. 1889.

34. Deux **Flambeaux**. 1888.

35. **Missel** avec appliques. 1890.

36. **Petite Grille** polie Louis XV. 1901.

37. **Le Milan et le Rossignol**. 1907

38. **Le Héron**. 1907.

39. **Porte-musique**.

CHENETS

40. **Chenets** tête chimère. 1887.

41. **Devant de foyer**.

BRAS DE LUMIÈRE

42. **Lanterne**. 1887.

43. **2 Bras d'éclairage**. 1902.

44. **2 appliques** éventails. 1902.

45. **2 appliques** ombelles. 1902.

46. **Suspension**. 1903.

MOTIFS FORGÉS

47. **Glace** lys et iris. 1904.

48. **3 panneaux**.

49. **Grosse rose**

50. **Motif.**

51. **Motif.**

52. **Motif.**

53. **Motif.**

54. **Motif.**

55. **Cadre** fleur.

56. **Cadre** pour photographie.

57. **Cadre** pour photographie.

58. **Petit chevalet.** 1889.

59. **Banquette,** cuir de Mlle de Félice. 1905.

60. **Petite vitrine** fer et bois. 1905.

61. **8 boutons de porte.** 1921. Edités par la Maison Fontaine et Cie.

62. **Plaque de propreté.** Editée par la Maison Fontaine et Cie.

63. **Bouton** fine. Edité par la Maison Fontaine et Cie.

64. **Crémone.** Editée par la Maison Fontaine et Cie.

65. **4 béquilles.** Editées par la Maison Fontaine et Cie.

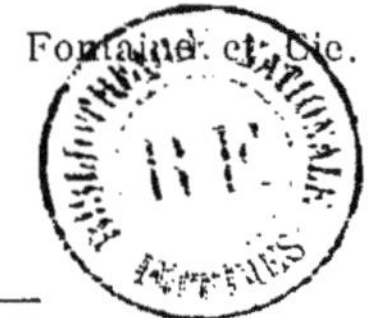

www.ingramcontent.com/pod-product-compliance
Ingram Content Group UK Ltd.
Pitfield, Milton Keynes, MK11 3LW, UK
UKHW021042260726
13994UKWH00005B/2304

9 782329 176109